AF358205

23 Décembre 1887.

V

CATALOGUE

DES

PORCELAINES DE CHINE

DU JAPON, DE SAXE ET D'ALLEMAGNE

FAIENCES

BIJOUX, ARGENTERIE, BOITES, MINIATURES

Ivoires, Bois sculptés

Armes orientales, Bronzes, Meubles
Tapisseries, Tapis, Tentures japonaises

DONT LA VENTE AURA LIEU

HOTEL DROUOT, SALLE N° 8

Le Vendredi 23 Décembre 1887

A DEUX HEURES

M° PAUL CHEVALLIER	M. CHARLES MANNHEIM
COMMISSAIRE-PRISEUR	EXPERT
10, rue de la Grange-Batelière, 10	7, rue Saint-Georges, 7

EXPOSITION PUBLIQUE —

Le Jeudi 22 Décembre 1887, de 1 heure à 5 heures

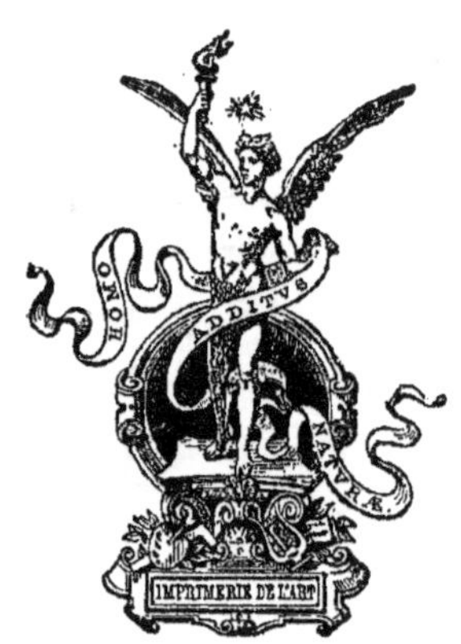
HONOS
ADDITVS
IMPRIMERIE DE MARS

CONDITIONS DE LA VENTE

Elle sera faite au comptant.

Les acquéreurs payeront en sus des enchères *cinq pour cent*, applicables aux frais.

L'exposition mettant le public à même de se rendre compte de l'état des objets, il ne sera admis aucune réclamation une fois l'adjudication prononcée.

Paris. — Imprimerie de l'Art, 41, rue de la Victoire.

DÉSIGNATION DES OBJETS

PORCELAINES DE CHINE

DE SAXE ET AUTRES

1 — Potiche en vieux Japon, décorée de fleurs et de chimères en bleu, rouge, or et émail vert.

2 — Grande vasque semi-ovoïde, décor bleu sur émail blanc, à personnages et paysage.

3 — Base de cornet décorée de plantes aquatiques, en émaux de la famille verte.

4 — Vase, balustre, à décor de dragon et d'oiseaux, en bleu sur émail blanc.

5 — Bonbonnière ronde et surbaissée, à décor d'arbustes fleuris en bleu et rouge.

6 — Support circulaire à trois pieds, en céladon turquoise.

7 — Deux chiens de Fô, en regard, émaillés vert.

8 — Deux perruches émaillées vert.

9 — Deux flacons-tabatières ; l'un, émaillé bleu turquoise ; l'autre, émaillé jaune.

10 — Vase, pot à tabac décoré en bleu sur fond blanc.

11 — Flacon en blanc de Chine, monté en lampe.

12 — Coupe à couvercle et socle-trépied émaillée vert d'eau.

13 — Flacon à thé, rectangulaire, décoré de vases et d'objets mobiliers en émaux de la famille verte.

14 — Petite bouteille à décor de fleurs de pêcher, en réserve sur fond bleu marbré.

15 — Deux pièces : cornet en céladon et pot en terre brune.

16 — Deux pièces : coupe émaillée brun-craquelé, une autre à mandarins.

17 — Deux petits vases : l'un, décoré d'une chimère en bleu ; l'autre, d'un cerf en dorure sur fond havane.

18 — Deux tasses en porcelaine mince, décorées en bleu de figures d'enfants.

19 — Cinq tasses et quatre soucoupes de décors variés.

20 — Vase ovoïde en Chine, décoré en bleu : Christ

en croix et arabesques. Couvercle en argent.

21 — Grand bol en Chine, fond bleu et décor en
dorure.

22 — Deux figurines en Chine.

23 — Statuette en faïence de Satzuma.

24 — Brûle-parfums, faïence de Satzuma.

25 — Plat en porcelaine de Chine, bleu et or.

26 — Deux vases, forme bouteille, en porcelaine de
Chine, avec couvercles ajourés et socles en
bronze doré.

27 — Vase en Chine, à personnages, garni d'une
monture de bronze.

28 — Deux figurines d'amours en porcelaine décorée.

29 — Vase et socle carré en porcelaine décorée
de Berlin.

30 — Deux assiettes en porcelaine de Saxe, rem-
plies de fleurs et de fruits en relief, décorés au
naturel. Les marlis sont ajourés en vannerie.

31 — Deux cache-pots en biscuit brun à guirlandes
en relief.

32 — Deux pièces : hanap en porcelaine décorée et
vase sur terrasse en porcelaine tendre.

33 — Trois pièces : deux couvercles de rafraîchis-
soir et un couvercle formant dos de brosse.

34 — Six bols, une soupière en Chantilly et un pot
à crème en Mennecy.

35 — Soupière ovale en Saxe, décorée en bleu.

36 — Quatre assiettes en Saxe, décor bleu.

37 — Six assiettes, Saxe, médaillons à sujets my-
thologiques.

38 — Six assiettes, Saxe, à fleurs.

39 — Huit assiettes variées.

40 — Service à thé, Saxe, à fleurs.

41 — Deux corbeilles, Saxe.

42 — Plusieurs tasses en Saxe.

43 — Lot d'assiettes en porcelaine de Sèvres, décor
en dorure, armoirie et bordure.

44 — Coupe et deux cruches en faïence italienne.

FAIENCES

45 — Corbeille et plateau ajourés en vannerie, en
faïence de Niderwiller, à filets roses.

46 — Deux tasses et soucoupes, décor à fleurs, en
faïence de Strasbourg.

47 — Deux porte-bouquets en terre de pipe.

48 — Deux huiliers émaillés blanc ; l'un, en terre
de pipe ; l'autre, en faïence de Sceaux.

49 — Cruche en faïence, médaillons à fleurs sur fond
bleu, couvercle en étain.

50 — Deux jardinières formées de carreaux en
faïence hollandaise.

51 — Petit pot en faïence persane et deux tasses
droites en Strasbourg.

52 — Vase de jardin Nevers, décoré en bleu.

53 — Deux cornets côtelés à couvercles, en Delft,
décorés en bleu.

54 — Trois pièces : porte-bouquets et crachoir en
Delft, mortier en Moustiers.

55 — Corbeille ovale d'ancienne faïence française,
décorée d'émaux de couleur.

BIJOUX, OBJETS DE VITRINE, ETC.

56 — Bracelet en or gravé, enrichi de demi-perles.

57 — Parure composée de mosaïques italiennes
montées en or.

58 — Plaque de bénitier en argent estampé. Époque
Louis XV.

59 — Châtelaine à décor de vases et ornements
Louis XVI en cuivre doré.

60 — Écusson peint enchâssé sur une plaque en argent doré.

61 — Petit vase à fleurs en filigrane d'or sur socle en aventurine.

62 — Médaillon en argent avec émail peint et entourage de perles.

63 — Diadème et deux pendeloques et boucle de ceinture stras et argent.

64 — Petit cadre en jaspe garni en or, flacon à odeurs avec bouchon en or.

65 — Clef et deux pendants d'oreilles en or émaillé.

66 — Croix grenats et roses et chaînette avec fermoir en or.

67 — Fermoir d'escarcelle en argent.

68 — Croix et pendants d'oreilles argent repercé.

69 — Huilier en argent.

70 — Miniature ronde, représentant une famille composée de cinq personnes en costume Louis XVI.

71 — Boîte à ouvrage avec accessoires en nacre et garniture en vermeil.

72 — Statuette en ivoire : Vierge couronnée de fleurs.

73 — Trois statuettes en ivoire.

74 — Flacon en argent émaillé, camée coquille avec monture en argent.

75 — Deux grosses pipes, l'une en écume, l'autre en bois sculpté.

76 — Boucles, agrafes de manteau, pendants d'oreilles, bague, binocle, etc., en argent.

77 — Boîte ovale en cuivre doré avec émail, étui en cuivre doré, cassolette nacre et cuivre.

78 — Croix stras et argent ; œuf en argent.

79 — Petit moulin, pelle et cuillère en argent.

80 — Peigne à galerie en argent doré et perles fausses.

81 — Panier cuivre estampé, hochet, portefeuille garni argent.

82 — Nécessaire écaille, collier ambre, cachets, cadran solaire, etc.

83 — Deux miniatures, Scènes villageoises, d'après Greuze.

84 — Boîte rectangulaire en émail de Saxe, décorée de scènes galantes dans le goût de Watteau.

85 — Boîte ronde ornée sur le couvercle d'une miniature représentant le sujet de l'Éventail brisé, d'après Baudoin.

86 — Bonbonnière ronde en ivoire sculpté de l'époque Louis XV.

87 — Miniature ovale : Jeune Femme endormie.

88 — Miniature ovale, peinte à l'huile : Portrait d'homme. Époque Louis XIV.

89 — Clef du xviiie siècle, à tête formée de deux chimères adossées surmontées d'une couronne.

90 — Coupe en cristal de roche gravé avec monture en argent doré.

91 — Trois sébiles persanes en cuivre gravé.

92 — Petite coupe ovale en agate avec monture en bronze.

93 — Groupe de divinités chinoises et de chiens de Fô en métal sur plateau en laque burgauté.

94 — Coupe en cristal taillé à facettes.

95 — Boîte ronde à couvercle plat en jaspe.

96 — Ivoire japonais.

97 — Ivoire japonais.

98 — Cadre contenant une trentaine de miniatures, portraits et sujets.

99 — Cadre ovale en bois sculpté à figures et attributs relatifs aux beaux-arts.

100 — Nécessaire avec boîte à musique en forme de corbeille ovale en cuivre doré, dessus en porcelaine décorée.

101 — Boîte Louis XV, décor en camaïeu.

102 — Buste d'un guerrier, en terre cuite. Style Renaissance.

103 — Tableau ovale : Portrait de femme du temps de la première République.

IVOIRES, BOIS SCULPTÉS, ETC.

104 — Christ en ivoire sculpté, dans une niche en bois noir.

105 — Grand olifant en ivoire sculpté à décor de chiens chassant le cerf et le sanglier, et offrant un médaillon Louis XIV et des armoiries. Travail moderne.

106 — IVOIRE. Diptyque sculpté en bas-relief dans le style du XVe siècle ; le volet gauche représente l'Adoration des Mages, celui de droite, le Christ en croix.

107 — IVOIRE. Deux statuettes en costume moyen-âge : Femme tenant un livre et Guerrier.

108 — IVOIRE. Deux statuettes : Dame et Seigneur en costume de l'époque Louis XIII.

109 — Christ en ivoir sculpté, les bras pris dans la masse ; il est recouvert d'une glace encadrée d'une moulure dorée.

110 à 115 — Soixante-douze pièces en bois sculpté des XVIe et XVIIe siècles : montants de meubles,

frises, cartouches, panneaux, seront vendues en plusieurs lots sous ce numéro.

116 — Lot de panneaux sculptés, cariatides et ornements.

117 — Terre cuite : Buste de Lépinay.

ARMES ORIENTALES

118 à 121 — Douze pièces : sabres, yatagans, kamas, khandjars.

122 — Deux brassards gravés avec étuis en cuir.

123-124 — Deux casques persans, gravés.

125-126 — Quatre haches de derviches.

127 — Quatre fers de lances.

128 — Quatre autres à lames doubles.

129 — Trident.

130 — Hallebarde.

131 — Pistolet.

132 — Très grand bouclier en fer gravé, entièrement recouvert de personnages et d'ornements.

133 — Rondache persane.

134 à 138 — Vingt-deux pièces : poignards à lames droites et lames courbes, avec poignées en morse, en fer gravé et niellé, etc.

139 — Petit mousquet.

140 — Curieux harnachement de cheval, en argent. Travail circassien.

141 à 144 — Divers objets, tels que : collier avec médaille, plaques, croix, etc., etc.

BRONZES, MEUBLES

145 — Bas-relief en bronze, représentant le Calvaire, signé *Justin*, reproduction Diehl.

146 — Fontaine en cuivre rouge repoussé, à armoiries et feuillages. XVIIe siècle.

147 — Baromètre de style Louis XVI, en forme de cartel, bronze doré, modèle à vase et guirlandes de laurier.

148 — Pendule Louis XV et sa console-applique, laquées vert et garnies de cuivres.

149 — Deux chandeliers triangulaires en bronze, de l'époque Louis XIV.

150 — Secrétaire Louis XV plaqué de bois satiné.

151 — Caisse d'horloge en bois sculpté.

152 — Glace Louis XIV, encadrement sculpté et doré.

153 — Console cintrée en bois sculpté et doré, de

style Louis XVI, à dessus en marbre blanc sur-
monté d'une tablette de velours.

154 — Commode cintrée Louis XVI en bois rose,
tablette en marbre blanc.

155 — Tabouret X en acajou à accotoirs sculptés
de feuillages.

156 — Deux bois de grands fauteuils, en noyer
sculpté, style Louis XV.

157 — Bois de grand fauteuil, en chêne sculpté,
style Louis XIV.

158 — Bois de chaise, de même modèle,

159 — Bois de chaise Louis XVI, pieds cannelés.

TAPISSERIES, TAPIS

160 — Tapisserie du xviii° siècle, en largeur, représentant le jeu du colin-maillard.

161 — Trois tapisseries anciennes, verdures et lot
de morceaux.

162 — Grand tapis en tapisserie au point à décor
de fleurs sur fond noir, entouré d'une bande
de velours rouge.

163 — Deux carpettes orientales, fond jaune.

164 — Deux tentures tapisseries japonaises, dans
leurs cadres en peluche brodée.

165 — Robe chinoise en fourrure brune.